FISH · PECES

By/Por GAIL WILLIAMS

Illustrations by/Ilustraciones por SUZIE MASON

Music by/Música por MARK OBLINGER

CANTATA
LEARNING

WWW.CANTATALEARNING.COM

CANTATA
LEARNING

Published by Cantata Learning
1710 Roe Crest Drive
North Mankato, MN 56003
www.cantatalearning.com

Library of Congress Cataloging-in-Publication Data

Names: Williams, Gail, 1944- author. | Mason, Suzie, illustrator. |
Oblinger, Mark, composer.

Title: Fish = Peces / by Gail Williams ; illustrations by Suzie Mason ; music
by Mark Oblinger.

Other titles: Peces

Description: North Mankato, MN : Cantata Learning, [2019] | Series: Pets! =
Las mascotas! | Audience: Age 4-7. | Paralleled text in English and
Spanish.

Identifiers: LCCN 2017056431 (print) | LCCN 2018002787 (ebook) | ISBN
9781684102747 (eBook) | ISBN 9781684102501 (hardcover : alk. paper)

Subjects: LCSH: Aquarium fishes--Juvenile literature. | Ornamental
fishes--Juvenile literature.

Classification: LCC SF457.25 (ebook) | LCC SF457.25 .W5413 2018 (print) | DDC
639.34--dc23

LC record available at https://lccn.loc.gov/2017056431

Book design and art direction, Tim Palin Creative
Editorial direction, Kellie M. Hultgren
Music direction, Elizabeth Draper
Music arranged and produced by Mark Oblinger

Printed in the United States of America.
0390

ACCESS THE MUSIC!

SCAN CODE WITH MOBILE APP

CANTATALEARNING.COM

TIPS TO SUPPORT LITERACY AT HOME

Daily reading and singing with your child are fun and easy ways to build early literacy and language development.

USING CANTATA LEARNING BOOKS AND SONGS DURING YOUR DAILY STORY TIME

1. As you sing and read, point out the different words on the page that rhyme.

2. Memorize simple rhymes such as Itsy Bitsy Spider and sing them together.

3. Use the critical thinking questions in the back of each book to guide your singing and storytelling.

4. Follow the notes and words in the included sheet music with your child while you listen to the song.

5. Access music by scanning the QR code on each Cantata book. You can also stream or download the music for free to your computer, smartphone, or mobile device.

Devoting time to daily reading shows that you are available for your child. Together, you are building language, literacy, and listening skills.

Have fun reading and singing!

CONSEJOS PARA APOYAR LA ALFABETIZACIÓN EN EL HOGAR

Leer y cantar diariamente con su hijo son maneras divertidas y fáciles de promover la alfabetización temprana y el desarrollo del lenguaje.

USO DE LIBROS Y CANCIONES DE CANTATA DURANTE SU TIEMPO DIARIO DE LECTURA DE CUENTOS

1. Mientras canta y lee, señale las diferentes palabras en la página que riman.

2. Memorice rimas simples como Itsy Bitsy Spider y cántenlas juntos.

3. Use las preguntas críticas para pensar en la parte posterior de cada libro para guiar su canto y relato del cuento.

4. Siga las notas y las palabras en la partitura de música incluida con su hijo mientras escuchan la canción.

5. Acceda la música al escanear el código QR en cada libro de Cantata. Además, puede transmitir o bajar la música gratuitamente a su computadora, teléfono inteligente o dispositivo móvil.

Dedicar tiempo a la lectura diaria muestra que usted está disponible para su hijo. Juntos, están desarrollando el lenguaje, la alfabetización y destrezas de comprensión auditiva.

¡Diviértanse leyendo y cantando!

Having a pet fish can be lots of fun. A pet fish needs food. It needs a good home. And a pet fish likes to play, just like you! Turn the page to learn more about fish. Remember to sing along!

Tener un pez mascota puede ser muy divertido. Un pez mascota necesita alimento. Necesita un buen hogar. Y a un pez mascota le gusta jugar, ¡como a ti! Da vuelta la página para aprender más sobre los peces. ¡Recuerda cantar la canción!

Fish have eyes that never close.

Their eyes stay open when they **doze**.

Fish have gills and wriggling fins.

They wave tails to dive and swim.

Peces tienen ojos que nunca se cierran.

Sus ojos están abiertos cuando **dormitan**.

Peces tienen branquias y aletas que ondulan.

Mueven sus colas cuando se hunden o nadan.

You want a pet. That is your wish.
Now you have two fine pet fish.
Water, food, a place to hide
keep your fish so **satisfied**.

Un pez mascota. Ese es mi deseo.

Tengo dos peces ahora; es lo que quiero.

Agua, comida, un lugar para esconderse.

¡**Satisface** a tus peces, se lo merecen!

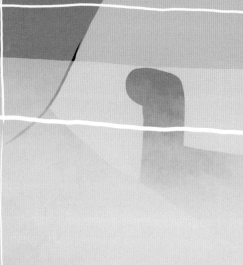

¿Qué les gusta comer a los peces?

No les des dulces, los desfavorece.

Rocía comida de peces dos veces al día.

Míralos comer y nadar con alegría.

You want a pet. That is your wish.
Now you have two fine pet fish.
Water, food, a place to hide
keep your fish so satisfied.

Un pez mascota. Ese es mi deseo.

Tengo dos peces ahora; es lo que quiero.

Agua, comida, un lugar para esconderse.

¡Satisface a tus peces, se lo merecen!

Fish need lots of swimming room.

One big tank lets your fish zoom!

Dirty water means it's time.

Change that water! Good-bye **slime**!

Peces necesitan mucho espacio para nadar.

¡Un gran tanque permite a tu pez jugar!

Agua sucia significa que es hora.

¡Cambia esa agua! ¡Adiós **moho** por ahora!

Now you have two fine pet fish.

Water, food, a place to hide

keep your fish so satisfied.

Un pez mascota. Ese es mi deseo.

Tengo dos peces ahora; es lo que quiero.

Agua, comida, un lugar para esconderse.

¡Satisface a tus peces, se lo merecen!

After eating, fish can hide.
That big chest has gold inside!
Fish do more than swim and eat.
Chasing friends is one big treat.

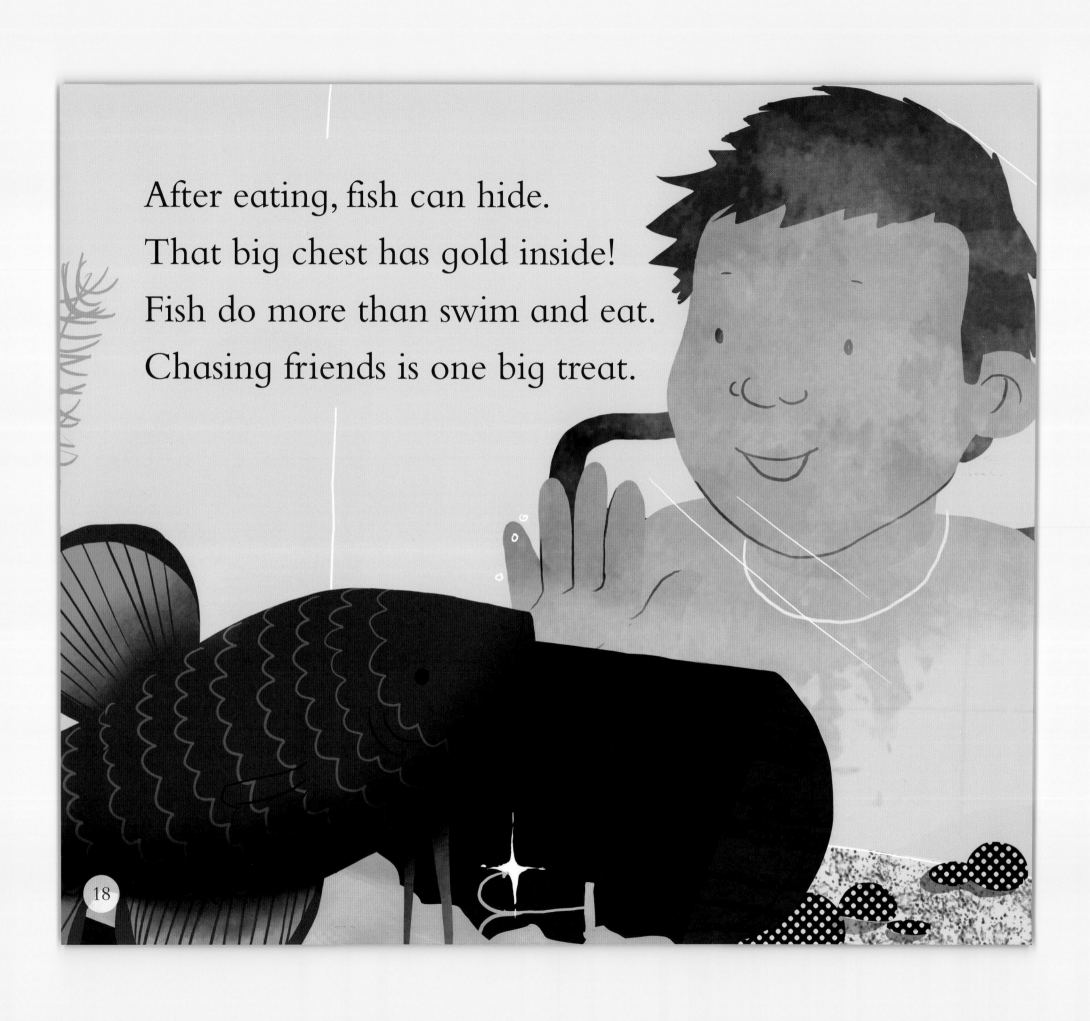

Después de comer, todos a esconderse.

¡Ese cofre con oro resplandece!

Peces hacen más que nadar y comer.

Perseguir amigos es lo que les gusta hacer.

You want a pet. That is your wish.
Now you have two fine pet fish.
Water, food, a place to hide
keep your fish so satisfied.

Un pez mascota. Ese es mi deseo.

Tengo dos peces ahora; es lo que quiero.

Agua, comida, un lugar para esconderse.

¡Satisface a tus peces, se lo merecen!

SONG LYRICS
Fish/Peces

Fish have eyes that never close.
Their eyes stay open when they doze.
Fish have gills and wriggling fins.
They wave tails to dive and swim.

Peces tienen ojos que nunca se cierran.
Sus ojos están abiertos cuando
   dormitan.
Peces tienen branquias y aletas que
   ondulan.
Mueven sus colas cuando se hunden
   o nadan.

You want a pet. That is your wish.
Now you have two fine pet fish.
Water, food, a place to hide
keep your fish so satisfied.

Un pez mascota. Ese es mi deseo.
Tengo dos peces ahora; es lo que quiero.
Agua, comida, un lugar para esconderse.
¡Satisface a tus peces, se lo merecen!

What do fish most like to eat?
Please don't give them something
   sweet.
Sprinkle fish food twice a day.
Watch them eat then swim away.

¿Qué les gusta comer a los peces?
No les des dulces, los desfavorece.

Rocía comida de peces dos veces
   al día.
Míralos comer y nadar con alegría.

You want a pet. That is your wish.
Now you have two fine pet fish.
Water, food, a place to hide
keep your fish so satisfied.

Un pez mascota. Ese es mi deseo.
Tengo dos peces ahora; es lo que quiero.
Agua, comida, un lugar para esconderse.
¡Satisface a tus peces, se lo merecen!

Fish need lots of swimming room.
One big tank lets your fish zoom!
Dirty water means it's time.
Change that water! Good-bye slime!

Peces necesitan mucho espacio para
   nadar.
¡Un gran tanque permite a tu pez
   jugar!
Agua sucia significa que es hora.
¡Cambia esa agua! ¡Adiós moho
   por ahora!

You want a pet. That is your wish.
Now you have two fine pet fish.
Water, food, a place to hide
keep your fish so satisfied.

Un pez mascota. Ese es mi deseo.
Tengo dos peces ahora; es lo que quiero.
Agua, comida, un lugar para esconderse.
¡Satisface a tus peces, se lo merecen!

After eating, fish can hide.
That big chest has gold inside!
Fish do more than swim and eat.
Chasing friends is one big treat.

Después de comer, todos a esconderse.
¡Ese cofre con oro resplandece!
Peces hacen más que nadar y comer.
Perseguir amigos es lo que les gusta
   hacer.

You want a pet. That is your wish.
Now you have two fine pet fish.
Water, food, a place to hide
keep your fish so satisfied.

Un pez mascota. Ese es mi deseo.
Tengo dos peces ahora; es lo
   que quiero.
Agua, comida, un lugar
   para esconderse.
¡Satisface a tus peces,
   se lo merecen!

Fish / Peces

World
Mark Oblinger

Verse / Verso

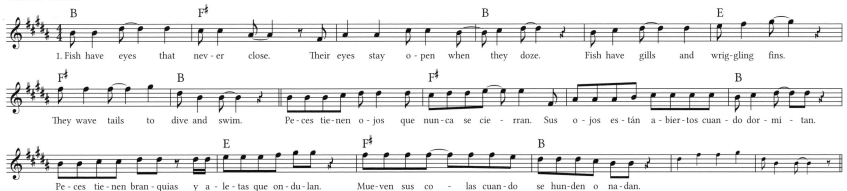

1. Fish have eyes that nev-er close. Their eyes stay o-pen when they doze. Fish have gills and wrig-gling fins.

They wave tails to dive and swim. Pe-ces tie-nen o-jos que nun-ca se cie-rran. Sus o-jos es-tán a-bier-tos cuan-do dor-mi-tan.

Pe-ces tie-nen bran-quias y a-le-tas que on-du-lan. Mue-ven sus co-las cuan-do se hun-den o na-dan.

Chorus / Estribillo

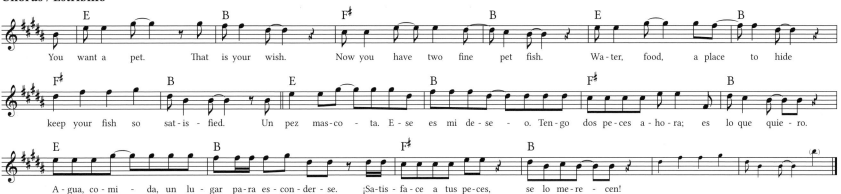

You want a pet. That is your wish. Now you have two fine pet fish. Wa-ter, food, a place to hide

keep your fish so sat-is-fied. Un pez mas-co-ta. E-se es mi de-se-o. Ten-go dos pe-ces a-ho-ra; es lo que quie-ro.

A-gua, co-mi-da, un lu-gar pa-ra es-con-der-se. ¡Sa-tis-fa-ce a tus pe-ces, se lo me-re-cen!

Verse 2

What do fish most like to eat?
Please don't give them something sweet.
Sprinkle fish food twice a day.
Watch them eat then swim away.

¿Qué les gusta comer a los peces?
No les des dulces, los desfavorece.
Rocía comida de peces dos veces al día.
Míralos comer y nadar con alegría.

Chorus

Verse 3

Fish need lots of swimming room.
One big tank lets your fish zoom!
Dirty water means it's time.
Change that water! Good-bye slime!

Peces necesitan mucho espacio para nadar.
¡Un gran tanque permite a tu pez jugar!
Agua sucia significa que es hora.
¡Cambia esa agua! ¡Adiós moho por ahora!

Chorus

Verse 4

After eating, fish can hide.
That big chest has gold inside!
Fish do more than swim and eat.
Chasing friends is one big treat.

Después de comer, todos a esconderse.
¡Ese cofre con oro resplandece!
Peces hacen más que nadar y comer.
Perseguir amigos es lo que les gusta hacer.

Chorus

23

GLOSSARY / GLOSARIO

doze—nap or sleep

dormitar—estar o quedarse medio dormido

satisfied—happy and content

satisfacer—hacer feliz y contento

slime—the slippery liquid that can collect in a fish bowl or tank

moho—el líquido resbaloso que puede recolectarse en una pecera o tanque

sprinkle—shake out small amounts

rociar—arrojar pequeñas cantidad de algo

CRITICAL THINKING QUESTIONS

What kind of pet do you wish for? What would you name it? What kind of place would your pet live in? Draw a picture of your fish and the things you need to care for it.

PREGUNTAS DE PENSAMIENTO CRÍTICO

¿Qué tipo de mascota deseas? ¿Cómo la llamarías? ¿En qué tipo de lugar viviría tu mascota? Haz un dibujo de tu pez y de las cosas que necesitarías para cuidarlo.

FURTHER READING / OTROS LIBROS

Amstutz, Lisa J. *Fish*. North Mankato, MN: Capstone, 2017.

Martin, Isabel. *Fish: A Question and Answer Book*. North Mankato, MN: Capstone, 2015.

Parker, Steve. *Peces.* New York: DK, 2004.

Veitch, Catherine. *Fish Babies*. North Mankato, MN: Capstone, 2017.